AF260253
14h
908

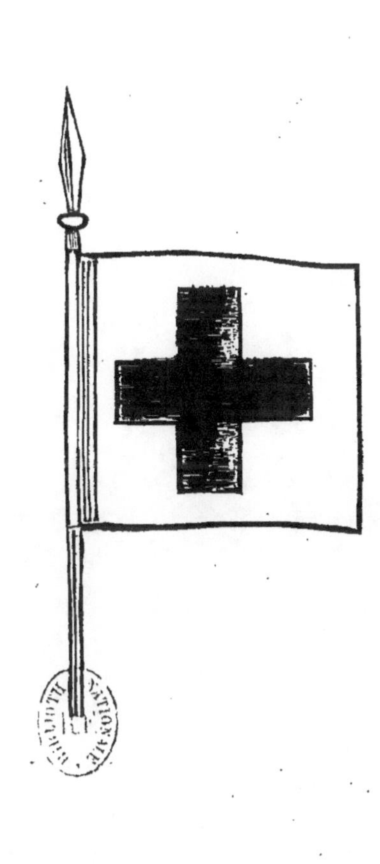

ŒUVRE INTERNATIONALE DE SECOURS

AUX

MALADES ET BLESSÉS MILITAIRES

DES

ARMÉES DE TERRE ET DE MER

—

SOCIÉTÉ FRANÇAISE

COMITÉ DE LAVAL

1871

ŒUVRE INTERNATIONALE DE SECOURS

AUX

MALADES ET BLESSÉS MILITAIRES

DES

ARMÉES DE TERRE ET DE MER

—

SOCIÉTÉ FRANÇAISE

—

RAPPORT

SUR LA

CAMPAGNE DE 1870-1871

PRÉSENTÉ PAR

M. E. PIEDNOIR

Vice-Président, délégué près le Conseil de la Société française.

LAVAL

IMPRIMERIE MAYENNAISE, RUE RENAISE, 46

1871

Un Genèvois, M. Henri Dunant, ému jusqu'au fond de l'âme en parcourant, deux jours après le combat, le champ de bataille de Solferino couvert de blessés français et autrichiens que le service des Ambulances militaires n'avait pu relever encore, malgré des efforts auxquels on ne saurait cependant rendre trop hommage, conçut le projet d'une société de gens de dévouement s'associant pour apporter aux victimes de la guerre le secours de leur charité volontaire.

Cette pensée adoptée, encouragée par la presse de tous les pays, amena à Genève en 1863 des délégués de toutes les nations. C'est dans cette réunion que fut élaborée la convention de Genève, acceptée plus tard par tous les gouvernements de l'Europe et fondée l'Œuvre internationale de secours aux soldats blessés, se divisant en autant de sociétés qu'il y avait de nations contractantes.

La France devait accueillir avec enthousiasme une idée qui allait si bien répondre à ses instincts de générosité et ne plus laisser sans emploi un seul dévouement. Désormais tous ceux que leur âge, leur santé, d'autres devoirs retiennent éloignés des champs de bataille, peuvent servir la Patrie en s'occupant de ceux qui combattent pour elle.

Dès le premier appel de la Société centrale de Paris, tout le monde s'est levé, demandant ce qu'il y avait à faire pour être utile. Chaque département a eu son Comité et ses Sous-Comités, chargés de grouper, de diriger toutes les bonnes volontés qui s'offraient.

Cet élan du patriotisme et de la charité sera la consolation de nos revers, l'espérance du retour de la fortune, car une nation qui sait aimer et se dévouer ne peut pas périr.

Laval, 31 octobre 1871.

E. PIEDNOIR.

ŒUVRE INTERNATIONALE DE SECOURS

AUX

MALADES ET BLESSÉS MILITAIRES

DES ARMÉES DE TERRE ET DE MER

—

SOCIÉTÉ FRANÇAISE

—

COMITÉ DE LAVAL

—

MEMBRES DU COMITÉ

MM.

DE LA GRANGE (Alfred)	président.
PIEDNOIR (Edouard)	vice-président.
BOUTREUX (Alfred)	} secrétaires.
LEFIZELIER (Jules)	
BEAUDOUIN (Jules).	} trésoriers.
ŒHLERT (Victor)	

MEMBRES DU COMITÉ

MM.

ALLOUEL (Ernest).
BÉASSE (Léon).
BERNIER (Odile).
BOISSEL (Victor).
CAPPON.
DE VAUFLEURY père.
DE CHALAIS.
DE LUIGNÉ.
DESCHAMPS.
DAVEAUX (Charles).
DEVERDUN (Alfred).
DESSAINT.
DE LA PERRAUDIÈRE père.
DUCHEMIN (Henri).
DULAURENT (Charles).

MM.

FLAMENT (Alexis) fils.
FLÉCHARD fils.
GONTIER (Paul).
GARNIER (Charles).
LAMERIE fils.
LENAIN (Julien).
LETOURNEURS (Joseph).
LETOURNEURS (Charles).
MORICE (Edouard).
RUBILLARD (Henri).
SEBAUX (Benjamin).
SINOIR.
VEILLARD (Théophile).
DE VAUBERNIER.
VILFEU (Prosper).

COMITÉ DES DAMES

—

Mmes D'HAUTERIVE, présidente.

BATBEDAT, secrétaire

FLAMENT, trésorière.

Mmes	Mmes
BOURGOING.	GARREAU.
BOUTREUX.	GARNIER (Eugène).
BOULLEVRAYE (Edouard).	FONTAINE.
BONNIEUX.	LAURE.
COMBES.	LEFIZELIER.
CAPPON.	LAMERIE (Alexandre).
DE MANOURY.	MARÇAIS (Mlle).
DE LA BROISE (Henri).	NORMAND.
DE LA GRANGE.	OUTREY.
D'OSMONVILLE.	PIEDNOIR (Edouard).
DE LA FÉRANDIÈRE.	PRÉVOST.
DES CLOZIÈRES.	RAILLARD.
DE LAURISTON.	SINOIR.
DEVERDUN.	VANSTEENBERGHE.
D'ELVA (Comtesse).	

DIRECTION

DES ATELIERS DE LINGERIE

MESDAMES BATBEDAT.
—   FLAMENT.
MADEMOISELLE MARÇAIS.

C'est au nom de tout le Comité que nous adressons nos remercîments aux Dames qui, sans avoir été inscrites sur sa liste, nous ont donné le concours précieux de leur travail ; aux jeunes Filles, aux habiles Ouvrières de l'atelier de Mlle Marçais, dont nous voudrions pouvoir citer tous les noms

MÉDECINS

QUI ONT FAIT LE SERVICE DES SALLES MILITAIRES
DANS LES HÔPITAUX.

—

Hôpital Saint-Julien.

1° *Fiévreux :* Docteur HUBERT, médecin en chef.
2° *Blessés :*   Docteur GARREAU, chirurgien.

Hôpital Saint-Louis.

Docteur PIGNIAT.

MÉDECINS DES AMBULANCES

—

Docteurs ANGOT. . . . . Trappistines, Letourneurs, Sainte-Marie, pension Blu, Lesegretain, Ecole communale d'Avesnières.

— BUCQUET . . . . . . Sacré-Cœur, Séminaire, de Pontfarcy.

— CRIÉ. . . . . Espérance, Banque de France, Haute-Follis, Séminaire.

— COURCELLE . . . . . Sœurs des Pauvres, Gare.

— DOISNEAU . . . . . . Gueudoux, Mobilisés (1er bataillon), ambulances externes.

— LAMBERT . . . . . . Saint-Etienne, Gare.

— NORMAND . . . . . . Séminaire, Gueudoux.

— PIGNIAT . . . . Miséricorde.

— SOUCHU-SERVINIÈRE. Ecole normale, Gare.

—

2

ŒUVRE INTERNATIONALE DE SECOURS

AUX MALADES & BLESSÉS MILITAIRES

SOCIÉTÉ FRANÇAISE

Comité de Laval

RAPPORT GÉNÉRAL

PRÉSENTÉ PAR M. E. PIEDNOIR

VICE-PRÉSIDENT DÉLÉGUÉ PRÈS LE CONSEIL DE LA SOCIÉTÉ FRANÇAISE.

A Monsieur le Comte de Flavigny, président, et Messieurs les Membres du Conseil de la Société française de Secours aux soldats malades et blessés.

MESSIEURS,

Le Comité de Laval a été institué dès le mois de juillet 1870, au début de la guerre, sur l'appel que vous aviez adressé à tous les dévouements, à toutes les bonnes volontés en faveur de l'œuvre patriotique que vous avez fondée. Il compte dans ses rangs les hommes dévoués que notre population trouve toujours dans toutes les entreprises utiles à la cité, ils appartiennent à toutes les classes de la société. Séparés par les opinions politiques, tous ont donné le salutaire exemple d'une fraternelle union dans une même pensée de patriotisme et de charité.

Eloignés du théâtre de la guerre, nous pensions n'avoir d'autre mission à remplir que celle de provoquer, recevoir et vous expédier les dons destinés à notre armée ; telle a été, en effet, la première partie de notre œuvre.

Un Comité de Dames, qui s'était organisé dans le même but, a bien voulu joindre ses efforts aux nôtres ; il nous a apporté par une assiduité, une activité infatigables, le concours le plus fécond.

La propagande de charité de nos deux Comités a fait affluer dans nos magasins des dons en argent et en nature de toute sorte : vins, comestibles, vêtements, linges, étoffes diverses que les mains habiles de nos Dames transformaient en cent objets précieux pour les malades et les blessés et qui leur ont valu les témoignages de gratitude plusieurs fois répétés de votre Comité de la lingerie.

Dans ces douloureuses circonstances, nos charitables populations ont, une fois de plus, donné la preuve de leur inépuisable générosité.

Sollicitées à la fois par des œuvres diverses ayant toutes le même but, — le soulagement des malheurs de la guerre, — Société de secours aux soldats blessés, — Comité de secours aux familles des soldats du département, — Œuvre des orphelins, — Souscriptions patriotiques, — elles ont répondu généreusement à tous les appels. Riches et pauvres, tous apportaient leur don ou leur obole. Dans les envois de nos communes rurales, nous trouvions, à côté du linge fin de nos riches familles, la chemise grossière du travailleur qui partageait avec son frère le soldat. C'est ainsi que jusqu'à l'investissement de Paris, nous avons pu vous expédier quarante balles ou caisses, d'un poids de plus de huit mille kilogrammes, contenant vins, draps, vêtements, chemises, linges à pansements, chaussettes, gilets de flanelle et ces ingénieuses créations de nos Dames à l'usage de nos chers blessés.

Les malheurs de notre armée, en rapprochant de nous le théâtre de la guerre, nous ont donné d'autres devoirs à remplir : ce n'était plus seulement des convalescents que nous allions recevoir et répartir dans les familles qui avaient sollicité comme un honneur et une joie la permission de les soigner comme des enfants de leur maison, nous devions nous mettre en mesure de seconder le service des hôpitaux, qui allait devenir insuffisant malgré son zèle au-dessus de tout éloge; il fallait, nous inspirant de la pensée qui a fondé la Société, nous faire les auxiliaires de l'armée, et préparer des Ambulances où les malades et les blessés seraient soustraits aux influences funestes des salles d'hôpital.

Pour cette seconde partie de notre œuvre, nous avons trouvé partout le même sympathique accueil, — chez nos concitoyens, la même rivalité dans le désir d'être utiles à la patrie, — et, dans les congrégations religieuses, encouragées par leur Evêque, un concours poussé jusqu'à l'héroïsme. Dès le mois d'octobre, nous avions à la disposition de l'Intendance, à Laval seulement, plus de huit cents lits répartis dans vingt ambulances.

Nos ressources en linges, objets de toute sorte accumulés depuis l'investissement de Paris, — le convoi de ravitaillement expédié par votre délégation de Tours et qu'accompagnait M. le docteur Miard, envoyé pour prendre connaissance de notre organisation, s'assurer de nos moyens et connaître nos besoins, — un don généreux du Comité anglais, — un don précieux consistant en couvertures, coupons de draps, vêtements réformés des mobilisés, qui nous fut délivré sur les ordres de M. le Préfet de la Mayenne, — une part considérable dans les dons nationaux, qui nous a été attribuée par l'Intendance de la deuxième armée de la Loire, — nous ont permis de doter richement nos ambulances. Nous avons pu vêtir, fournir de linges, de chaussettes, de flanelle, les huit mille soldats recueillis par nous avec des vêtements en lambeaux ou insuffisants. Ces ressources sont loin d'être épuisées, malgré des distributions faites à tous nos établissements de charité et des envois d'objets de toute nature aux communes de l'arrondissement qui nous ont donné leur concours. Elles nous permettent encore de vêtir chaudement, à l'entrée de la mauvaise saison, nos soldats blessés libérés du scrvice ou revenant de captivité (1).

Les ambulances et hôpitaux de Laval ont reçu

7,209 malades, représentant 86,683 journées.

Cinq cent vingt-quatre sont morts ! Chiffre douloureux, mais relativement peu considérable, si l'on songe à l'effroyable épidémie de variole et de fièvres typhoïdes qui décimait notre armée. Ajoutons encore que ces malheureux nous arrivaient exténués par les fatigues d'une longue route, le manque de soins, dans une saison exceptionnellement rigoureuse, et que d'aucuns n'étendaient dans nos lits leurs membres déjà roidis que pour y mourir.

Les travaux du Comité de Laval ne se sont pas limités aux soins donnés aux soldats recueillis dans les ambulances ; il a dû à la confiance de l'Intendance territoriale d'être chargé des distributions de vivres et de secours aux convois de malades et de blessés traversant notre gare à toute heure du jour et de la nuit. Pour ce service pénible, dans la saison rigoureuse que nous subissions, nous avons accepté avec reconnaissance l'aide de personnes charitables et dévouées qui nous avaient spontanément offert d'en partager les fatigues ; elles ont trouvé une bien ample récompense dans les témoignages de gratitude des malheureux qu'elles reconfortaient ou pansaient et qu'elles arrachaient souvent à la mort.

Constamment préoccupés du bien-être de ceux qui avaient souffert et combattu pour nous, nous avions organisé un service de voitures prenant à la gare les malades pour les répartir dans nos ambulances, ou les portant de nos ambulances à la gare, quand ils devaient être dirigés sur leurs corps ou sur des hôpitaux plus éloignés de l'ennemi. Ce service, dont les chevaux et voitures avaient été fournis par des membres du Comité ou par des personnes charitables, n'a rien pris sur ses ressources ; nos travaux, du reste, ont tous été gratuits, sauf

(1) Ces distributions, régulièrement constatées, représentent, d'après une estimation très-modérée, une valeur de 98,634 fr. 70 c.

celui d'un homme de peine ; nos collègues ont tenu à honneur de tout faire.

La période pénible pour notre Comité a commencé avec la prise du Mans par l'armée allemande. Dans les jours néfastes qui l'ont suivie, notre ville attristée a vu défiler sur la neige, par un froid terrible, les longues files confondues de nos soldats de toutes armes dans le plus pitoyable état, tandis que la gare regorgeait jusque sur ses quais de malades et blessés évacués à la hâte des ambulances et hôpitaux du Mans, et que le bureau du Comité se remplissait de tous ceux que l'armée traînait à sa suite. Nous avons eu là des heures poignantes, en présence de tant de misères que nous ne pouvions toutes soulager ; ce qui était humainement possible a été fait, et pas un murmure, pas une plainte ne s'est élevée de cette foule qui appréciait nos efforts.

Pendant plusieurs jours, nous avons cru que l'ennemi, campé à nos portes, attaquerait la ville que l'armée ralliée et toujours prête à combattre aurait défendue ; nous étions prêts à seconder les ambulances militaires qui avaient accepté notre aide et à les suivre sur le champ de bataile ; nos brancards étaient préparés, de généreux citoyens venaient se faire inscrire sollicitant le périlleux honneur de relever les blessés.

En tête de cette liste figurent les Frères de la Doctrine chrétienne réclamant le poste de brancardiers qu'ils ont illustré de leur sang sous les murs de Paris.

L'armistice , en suspendant les mesures que nous avions prises en vue du combat, nous permit d'arrêter les évacuations précipitées sur les ambulances de Bretagne et de n'y expédier, d'accord avec l'Intendance, que les soldats atteints de maladies ou blessures présageant un long traitement, pour conserver ceux dont un peu de repos devait rétablir les forces et ceux qui étaient trop malades pour ne pouvoir être transportés sans danger.

Nos rapports avec les officiers généraux de l'armée, avec l'Intendance, avec les médecins militaires, ont été constamment empreints de la plus complète cordialité ; à tous les degrés de l'administration civile et militaire, nous avons toujours rencontré une bienveillance extrême pour notre œuvre.

Dans toutes les ambulances, les malades ont reçu les mêmes soins affectueux ; mais nous ne blesserons personne, en citant particulièrement les deux qui ont ouvert les premières leur seuil hospitalier et qui ne se sont fermées qu'après avoir rendu à leurs familles les derniers convalescents : l'ambulance des Trappistines, saintes femmes, qui, renonçant avec joie aux habitudes de leur vie de retraite et de prière, se sont faites les tendres mères de nos soldats, les sœurs hospitalières dévouées, intrépides, chez lesquelles la fatigue et la contagion ont fait de nombreuses et glorieuses victimes ; — l'ambulance du Séminaire, desservie par de jeunes séminaristes, s'initiant dans ces douloureuses circonstances, par l'exemple de leur digne Supérieur, à cette vie d'abnégation à laquelle ils sont destinés, et qui ont eu aussi leurs victimes.

Parmi les ambulances particulières, nous citerons celle de M. Joseph Letourneurs, installée dans sa propre maison ; celle de la Succursale de la Banque de France, créée et dirigée par Mme Flament, qui a su pratiquer tous les dévouements. — Il y aurait injustice à ne pas citer aussi nos médecins des ambulances qu'aucun service, si pénible qu'il fût, n'a jamais rebutés.

Je ne puis taire enfin l'aide sympathique de la presse locale, empressée à nous être utile, et qui a toujours reproduit gratuitement tous nos avis au public, nos appels à la charité.

Il me reste un devoir doux à remplir, celui de signaler à la reconnaissance de nos concitoyens et de l'armée, M. Alfred de Lagrange, notre président, MM. Prosper Vilfeu, Alfred Boutreux, Victor Œhlert, dont le dévouement a été sans limites.

Avec notre concours, trois Sous-comités se sont formés, à Château-Gontier, Craon, Ernée ; les services de chacun d'eux sont l'objet d'un chapitre spécial ; ils ont rivalisé de zèle et de patriotisme pour apporter leur part de soulagement aux souffrances de nos soldats.

L'armée, en traversant le département après l'occupation du Mans, laissait, sur sa route et en dehors de l'action de notre Comité, un grand nombre de malades et blessés ; les maires, aidés de quelques personnes dévouées, ne prenant conseil et mandat que de leur charité, ont ouvert des ambulances dans lesquelles ils ont été fraternellement recueillis ; nous en avons rattaché un certain nombre à notre comptabilité, pour leur attribuer la part des secours que nous pouvions distribuer ; elles figurent au chapitre des Ambulances diverses, portant à 12,212 les malades et blessés reçus dans la sphère d'action du Comité représentant 145,546 journées.

Telle est l'œuvre de la Société de Secours aux soldats malades et blessés dans la Mayenne.

Vous avez bien voulu, sur le premier rapport que nous vous avons adressé, décerner à chacun de ceux qui en ont été les coopérateurs zélés, la croix de la Société ; elle a été reçue avec joie et gratitude comme la récompense des services rendus, et le signe auquel se reconnaîtra désormais, toute une armée de bons citoyens, prêts à tous les dévouements et tous les sacrifices pour la patrie malheureuse mais d'autant plus aimée.

Laval, le 31 octobre 1871.

E. Piednoir.

SOUS-COMITÉ D'ERNÉE

—

RAPPORT

A MONSIEUR LE PRÉSIDENT DU COMITÉ DE SECOURS AUX BLESSÉS
INSTITUÉ A LAVAL (MAYENNE)

—

Après la malheureuse affaire du Mans, des blessés et des malades arrivèrent en foule à Ernée et bientôt l'hospice devint insuffisant pour les recevoir tous.

Il existait, à ce moment, une ambulance sédentaire dont les directeurs étaient MM. Delalande et Robert-Dutertre, et le médecin principal, M. Lambert.

Vu les circonstances, les membres de la Commission administrative de l'hospice, présidée par M. Roullin, maire, furent adjoints aux membres de l'ambulance militaire et composèrent un comité qui, par voie d'élection, constitua son bureau de la manière suivante :

Président, M. Delalande.

Vice-président, M. Robert-Dutertre.

Économe, M. Cornuau.

Vaguemestre, M. du Boisberranger (Edmond).

Les autres membres du Comité étaient :

M. Roullin, maire.

M. Boullier de Branche.

M. Aubin de la Messuzière.

M. Bonneau fils.

Le service médical était ainsi organisé :

Médecin en chef, M. Lambert.

Auxiliaires, MM. Georges et Voisin, médecins ordinaires de l'hospice, et M. Lefizelier.

Le premier soin du Comité, pour faire face aux exigences de la situation, fut d'organiser en ambulance la salle d'asile. Le service médical se fit donc tout à la fois à l'hospice et à la salle d'asile et fut partagé entre les divers médecins.

Au premier appel adressé à la population après la retraite du Mans, un grand nombre de lits et d'objets mobiliers à l'usage des ambulances furent apportés avec le plus grand empressement, même au milieu de la nuit, par des personnes de toutes les conditions.

Une collecte faite dans la ville produisit une somme assez considérable.

Beaucoup de personnes, que nous ne pouvons citer ici, se firent remarquer par leur zèle auprès des malades.

L'hospice et la salle d'asile ont reçu

522 malades, représentant 8,853 journées.

Le nombre des décès n'est que de 83, chiffre relativement minime si l'on veut bien tenir compte de cette observation, que une vingtaine de soldats sont arrivés mourants à l'hospice et en ont à peine touché le seuil. Nous ferons observer aussi que l'on dirigeait sur Ernée ceux qui étaient le plus dangereusement malades.

Fait à Ernée, le 28 juin 1871.

Vu et approuvé :
Mairie d'Ernée, le 28 octobre 1871.
Pour le Maire empêché :
L'un des Adjoints,
Ed. Renault-Morlière.

Robert-Dutertre,

Vice-président.

En commençant cette publication des tableaux qui résument notre Œuvre, nous avons le devoir de remercier l'assistance publique de Laval de l'appui et du concours bienveillant qu'elle nous a donnés.

Tout en maintenant son service civil que l'épidémie variolique et de fièvres typhoïdes rendait encore plus difficile, l'Administration des hospices a pu admettre

3,467 soldats représentant 44,032 journées.

Deux hommes dont le dévouement égalait l'énergie : M. Lebourdais-Durocher et M. Th. Hubert, ont porté le lourd fardeau de cette tâche. A la mémoire de l'un, nos respects : à l'autre, l'expression de notre gratitude.

Nous donnons le tableau des services des deux hospices Saint-Julien et Saint-Louis que M. le docteur Hubert, administrateur et médecin en chef, a bien voulu nous communiquer ; sa réunion avec celui de la Société de secours indique les résultats de nos efforts communs.

Un rapport plus autorisé que le nôtre dira le dévouement héroïque des religieuses de l'hôpital retenant avec empressement pour leurs salles les blessures et les maladies les plus horribles comme les plus dangereuses à soigner. On trouvera dans cette circonstance explication de la plus grande mortalité à l'hôpital Saint-Julien, où par suite de l'entente avec l'Administration des Hospices, ont été concentrées les maladies épidémiques. dans le but de circonscrire autant que possible la contagion.

Nous devons aussi nos remercîments aux médecins militaires de la deuxième armée de la Loire qui ont pris avec le zèle le plus dévoué les services de nos médecins des ambulances malades ou surchargés.

VILLE DE LAVAL

Administration des Hospices et Société de secours

SERVICE de l'Administration des Hospices de Laval.	NOMBRE		
	des MILITAIRES entrés.	des JOURNÉES passées.	des MORTS.
Hôpital Saint-Julien.	2,073	28,897	268
Hospice Saint-Louis.	1,394	15,135	105
Total.	3,467	44,032	373
AMBULANCES DU COMITÉ DE SECOURS.			
Trappistines	411	5,654	13
Espérance.	235	2,798	4
M. Letourneurs.	77	682	1
Sœurs des Pauvres	175	3,308	9
Sainte-Marie.	81	991	3
Saint-Etienne.	201	3,591	7
Sacré-Cœur	134	2,111	5
Séminaire	1,119	12,489	64
Pension Blu	68	481	1
Miséricorde	137	887	5
M. de Ponfarcy.	30	486	»
Ecole communale d'Avesnières	9	36	»
Banque de France.	108	967	2
Haute-Follis	210	723	5
Gueudoux.	321	2,843	6
Saint-Michel	318	3,189	24
Lesegretain	20	348	»
Ecole Normale	88	1,067	2
Total	3,742	42,651	151
RÉCAPITULATION.			
Administration des Hospices de Laval . . .	3,467	44,032	373
Société de Secours aux blessés	3,742	42,651	151
Totaux	7,209	86,683	524

Moyenne des décès, 7 26 p. 0/0.

COMITÉ DE SECOURS DE LAVAL

—

Personnel des Ambulances de Laval

Ambulances.	Création et direction.	Médecins ayant fait le service
Trappistines	Mme la supérieure. . .	Dr Angot.
Espérance.	Mme la supérieure, Mmes Aloïzia et St-Delphin.	— Crié.
Sœurs des Pauvres. .	Mme la supérieure. . .	— Courcelle.
Pensionnat Ste-Marie.	Mme Rouzier, supérieure, et Mme Drouelle.	— Angot.
Pensionnat St-Etienne.	Mme Thuault, supérieure, et Mme Montembault.	— Lambert.
Sacré-Cœur	Mme de Chalais, supérieure, et Mme Vercruysse.	— Bucquet.
Séminaire.	M. L. Sebaux, supérieur, et M. l'abbé Lebreton, économe.	— Bucquet, Crié, Normand, et Chapuis et Valin, médecins militaires.
Miséricorde	Mme la supérieure. . .	— Pigniat.
Haute-Follis	Mme la supérieure. . .	— Crié.
Saint-Michel. . . .	M. le supérieur, et le Père Chambellan.	— d'Hennezel et Colonna, médecins militaires.
M. Letourneurs. . .	M. Letourneurs (Joseph).	— Angot.
Pension Blu	M. l'abbé Blu et M. l'abbé Guérin.	— Angot.
M. de Pontfarcy. . .	M. de Pontfarcy . . .	— Bucquet.
M. Gueudoux. . . .	M. Gueudoux	— Doineau, Normand, et Simon et Fony, médecins militaires.
M. Lesegretain . . .	M. Lesegretain (du Dôme).	— Angot.
Banque de France . .	Mme Flament	— Crié.
Ecole normale . . .	M. Guerlin, directeur, M. Devaux.	— Souchu-Servinière.
Ecole communale d'Avesnières.	M. Michel, instituteur.	— Angot.
Service de la gare . .	M. de Lagrange, président, et les membres du Comité.	— Lambert, Courcelle, Souchu-Servinière.

COMITÉ DE SECOURS DE LAVAL

POUR LES SOLDATS MALADES ET BLESSÉS

Etat des Ambulances externes

AMBULANCES ET HOPITAUX.	NOMBRE		
	des MILITAIRES entrés.	des JOURNÉES passées.	DES DÉCÈS.
Ambrières.	180	2,080	23
Bais.	250	7,500	16
Cosssé-le-Vivien	68	1,254	7
Couptrain	52	639	.5
(1) Evron (Dames de la Congrégation d') . . .			
Hôpital, classes gratuites et salle d'asile . .	354	5,397	49
Fougerolles	28	143	2
Javron.	39	513	2
Lassay	161	2,973	23
Méral.	12	221	1
Meslay.	90	1,819	8
Pré-en-Pail et Saint-Gyr-en-Pail	114	1,252	19
(2) Petit-Séminaire de Mayenne	177	1,198	14
Saint-Ouën-des-Toits.	28	136	1
Sainte-Suzanne.	28	897	1
Visitation de Mayenne.	16	330	1
TOTAL	1,597	26,352	172

La moyenne des décès est de 10 77 0/0.

(1) La Congrégation des Dames d'Evron a recueilli des malades et blessés dans presque toutes ses maisons du département. Elle a perdu dix-neuf de ses Sœurs, mortes à la peine ou emportées par la contagion.

(2) Le Supérieur et le Sous-Supérieur du Petit-Séminaire de Mayenne sont morts victimes de leur dévouement.

COMITÉ DE SECOURS DE LAVAL

Personnel des Ambulances externes

Ambulances.	Création et direction.	Médecins ayant fait le service
Ambrières.	M. Griois, Mme la supérieure des S^{rs} relig.	M. Renault.
Bais.	M. Rondeau, maire, M. Broust, curé-doyen.	MM. Bosc et Boudier.
Bonchamp.	M. Vincent, maire. . .	M. Lebesconte d'Argentré et médecins mil^{res}.
Cossé-le-Vivien. . .	MM. les administrateurs de l'hospice et Mme Le Meunier, supérieure de l'hôpital.	MM. Raulin et Trochon.
Couptrain.	MM. Duclos, maire, Leduc, receveur de l'enregistrement, Mlle L. Bayeux-Dumesnil.	MM. Normand, de Javron, et Denuault, médecin des mobilisés.
Evron, (Dames de la Congrégation d') hôpital, classes gratuites et salles d'asile.	Mme la Supérieure générale de la Congrégation d'Evron.	MM. Desnos, Sourdin, Janin, et Besneux et Dubourg, médecins des mobilisés, Bidard de Domfront.
Fougerolles	Doct^r Edouard Destais, Mmes les religieuses de l'hospice.	Docteur Edouard Destais.
Javron.	M. Godefroy, maire, Mmes les Sœurs de St-Vincent-de-Paul.	M. Julien Normand.
Lassay.	M. le docteur, Le Marchant, maire, Mme sœur Elisabeth, supérieure de l'hospice.	MM. Le Marchant et Piette.
Méral	M. Rivière, maire, Mme Huchet, rel. d'Evron.	M. Raulin.
Meslay.	M. Touchard, maire, Mme Augustine Jouet, religieuse de l'hospice.	M. Fortin.
Pré-en-Pail	M. Amédée Fichet, maire, Mme Ripaux, religieuse d'Evron.	MM. Doineau et Besneux, médecins des mobilisés.
Saint-Cyr-en-Pail . .	M. Neveu, maire, Mme Chanteau, religieuse d'Evron.	MM. Doineau et Besneux, médecins des mobilisés.
Petit-Séminaire de Mayenne.	MM. Fillion, supérieur, Dalibon, sous-supér.	MM. Ponthault et Moriceau.
Saint-Ouën-des-Toits .	M. Crouilbois, Mmes les sœurs d'Evron.	M. Dubel.
Sainte-Suzanne (quatre ambulances).	MM. Julilétrie, Maline, Mmes de l'Espinasse, Vve Pottier.	M. Lebail.
Visitation de Mayenne.	Mmes Religieuses de la Visitation.	MM. Legladic et Huard, médecins militaires.
Saint-Jean-sur-Erve.	M. Bouvet, maire, Mmes les relig. d'Evron.	M. Lebreton, de Ballée.

SOUS-COMITÉ DE SECOURS DE CHATEAU-GONTIER

Pour les Soldats malades et blessés

ÉTAT DES AMBULANCES ET HOPITAUX

AMBULANCES ET HOPITAUX.	NOMBRE		
	des MILITAIRES entrés.	des JOURNÉES passées.	DES MORTS.
Saint-Julien de Château-Gontier	695	9,505	67
Saint-Joseph de Château-Gontier	267	4,328	26
Ambulance centrale du Sous-Comité n° 1 .	215	300	1
Ambulance centrale du Sous-Comité n° 2. .	120	546	»
Ambulance du Musée de Château-Gontier .	60	580	2
Ambulance d'Azé.	26	260	»
Ambulance de Saint-Denis-d'Anjou	65	1,134	4
Ambulance de Bouëre	11	320	»
Ambulance de Quelaines.	30	359	»
AMBULANCES PARTICULIÈRES & GRATUITES.			
M. Léon Laumaillé	»	83	»
M le comte et Mme la comtesse de Bréon. .	»	714	»
M. le marquis de Chavagnac	25	388	»
M. de La Vallette.	»	166	»
M. et Mme Louis Déan de Saint-Martin. . .	»	54	»
M. et Mme Déan de Saint-Martin	»	45	»
M. Urbain Lemotheux	»	405	»
Mme Jallot	»	72	»
MM. d'Argencé, Barouille père, Bremontier, Mme Bougan, Mlle Rolland, MM. Madelin, Julliot, Hélain, Jules de La Tullaye, etc. .	50	750	»
TOTAL	1,564	20,009	100

Moyenne des décès, 7 p. 0/0.

L'Œuvre du Sous-Comité de Château-Gontier, dont le tableau ci-dessus indique l'importance, est l'objet d'un rapport spécial.

SOUS-COMITÉ DE SECOURS DE CHATEAU-GONTIER

—

Président :

M. Achille D'ARGENCÉ.

Vice-président :

M. Charles RICHARD.
M. Tancrède ABRAHAM,

Secrétaire :

M. Alfred BAROUILLE.

SOUS-COMITÉ DE SECOURS

DE CRAON

POUR LES SOLDATS MALADES ET BLESSÉS

Président du Sous-Comité :

M. René RABEAU.

Vice-président :

M. Victor BATARD.

ETAT

DE L'HÔPITAL ET DE L'AMBULANCE

HOPITAL ET AMBULANCE.	NOMBRE		
	des MILITAIRES entrés.	des JOURNÉES passées.	DES MORTS.
Hôpital	245	3,144	19
Ambulance	75	515	2
TOTAL	320	3,659	21

Moyenne des décès, 6 56 p. 0/0.

SOUS-COMITÉ DE SECOURS

D'ERNÉE

POUR LES SOLDATS MALADES ET BLESSÉS

Président du Sous-Comité :

M. DELALANDE.

Vice-président :

M. ROBERT-DUTERTRE.

ÉTAT

DE L'HÔPITAL ET DE L'AMBULANCE

HOPITAL ET AMBULANCE.	NOMBRE		
	des MILITAIRES entrés.	des JOURNÉES passées.	DES MORTS.
Hôpital	382	6,786	72
Salle d'asile	140	2,067	11
Total. . . .	522	8,853	83

AMBULANCES ET HOPITAUX

DES SOUS-COMITÉS

DE CHATEAU-GONTIER, CRAON, ERNÉE

Tableau récapitulatif

ÉTAT

AMBULANCES.	NOMBRE		
	des MILITAIRES entrés.	des JOURNÉES passées.	DES MORTS.
Château-Gontier	1,564	20,009	100
Craon.	320	3,659	21
Ernée. . . . . :	522	8,853	83
TOTAL	2,406	32,521	204

Moyenne des décès, 8 47 p. 0/0.

COMITÉ DE SECOURS DE LAVAL

TABLEAU RÉCAPITULATIF

ÉTAT

AMBULANCES ET HOPITAUX.	NOMBRE		
	des MILITAIRES entrés.	des JOURNÉES passées.	DES MORTS.
Laval . . { Administration des Hospices. Société de secours.	7,209	86,683	524
Ambulances externes, d°.	1,597	26 352	172
Château–Gontier, d°.	1,564	20,009	100
Craon, d°.	320	3,659	21
Ernée, d°.	522	8,853	83
Total	11,212	145,556	900

Moyenne des décès, 8 02 p. 0/0.

Moyenne des journées par hómme, 8.

Les chiffres ci-dessus ne comprennent que les hommes reçus et soignés dans les hôpitaux ou ambulances reconnus par l'Intendance. Il n'a pas été tenu compte de ceux qui étaient isolément soignés dans les maisons particulières.

L'épidémie de variole et de fièvres typhoïdes qui sévissait dans l'armée a causé nos plus grandes pertes. Nous avons eu ensuite à soigner des affections de poitrine graves, des douleurs rhumatismales, . des congélations des pieds occasionnées par les rigueurs d'un hiver exceptionnellement froid.

CAISSE DU 25 JUILLET 1870 AU 31 OCTOBRE 1871

Cotisations des Membres du Comité et dons particuliers	3,870	15	Achats de tissus pour l'atelier des Dames du Comité, vêtements confectionnés et lainages.	15,096 70
Produit des souscriptions recueillies par le Comité des Dames	5,877	20	Achats de matériel pour les ambulances . .	1,340 95
Produit de la quête faite aux portes de l'église d'Avesnières, le 15 août 1870 . . .	2,182	30	Achats de comestibles, vins et médicaments.	861 55
Souscriptions des communes.	15,771	15	Secours en argent à des soldats.	157 »
Don de la Société anglaise	650	»	Don à l'Œuvre des Orphelins de la guerre .	2,000 »
Vente d'effets hors de service.	479	75	Salaires du commissionnaire, de juillet 1870 au 31 octobre 1871	836 50
Sommes allouées en compte par l'Intendance sur l'indemnité due pour les journées de malades	49,738	30	Frais généraux, impressions, fournitures de bureau, ports, etc.	1,329 85
	78,568	85	Versements faits aux ambulances, à compte sur les sommes à recevoir comme indemnité de traitement de malades	49,738 30
			En caisse	7,208 »
Solde en caisse au 31 octobre 1871 . .	7,208	»		78,568 85

COMITÉ DE SECOURS DE LAVAL

OBJETS DIVERS

Envoyés à Paris avant le siége, distribués dans les Ambulances et Hospices de Laval, aux bataillons de mobiles et mobilisés de la Mayenne, aux Sous-Comités de Château-Gontier, Ernée et Craon, à différentes communes du département, adressés à Versailles en juin dernier, enfin donnés aux militaires rentr's dans leurs foyers,

Suivant Etat dressé par M. VILFEU, membre du Comité.

Acide carbolique	49	kilos 500	à	8 f. »	396 f. »
Appareils pour fractures. . .	120	doubles	—	5 »	600 »
Bandes roulées	420	kilos	—	3 »	1,260 »
Biscuits anglais.	130	boïtes	—	5 »	650 »
Bonnets de coton	736		—	« 25	184 »
Bouts de pieds	1,484		—	« 25	371 »
Brassards	240		Mémoire.		« »
Caleçons.	448		—	3 »	1,344 »
Cassonade	150	kilos	—	1 20	180 »
Ceintures de flanelle.	215		—	2 50	537 50
Ceintures pour le corps . . .	1,836		—	1 »	1,836 »
Charpie	678	kilos	—	5 »	3,390 »
Chaussettes.	3,060	paires	—	1 50	4,590 »
Chaussons et pantoufles . . .	287	d°	—	2 50	717 50
Chemises fil	6,131		—	3 »	18,393 »
Chemises laine	250		—	5 »	1,250 »
Compresses ordinaires	3,530	kilos	—	2 »	7,060 »
Compresses trouées et fenestrées	269	d°	—	2 50	672 50
Coussins pour fractures . . .	1,680		—	« 25	420 »
Couvertures	1,223		—	7 »	8,561 »
Couvre-pieds	160		—	8 »	1,280 »
Cravates.	725		—	« 75	543 75
Drapeaux d'ambulances . . .	38		Mémoire.		« »

A reporter . . . . F. 54,236 25

Report			F.	54,236	25
Draps pour lits	2,035		à 5 f. »	10,175 f.	»
Eau-de-vie	158	litres	— 1 50	237	»
Essence de café et lait concentré	25	flacons	— 2 »	50	»
Essuie-mains et serviettes. . .	3,191		— 1 »	3,191	»
Etuis à pansements	670		— « 20	134	»
Gilets de coton tricotés. . . .	709		— 2 »	1,418	»
Gilets de flanelle, tricots laine, gilets en drap	1,291		— 5 »	6,455	»
Lits en bois	37		— 6 50	240	50
Matelas	103		— 20 »	2,060	»
Musettes.	41		— 1 50	61	50
Mouchoirs de poche	2,018		— « 50	1,009	»
Oreillers.	150		— 1 »	150	»
Pantalons	886		— 6 »	5,316	»
Riz	150	kilos	— 1 »	150	»
Sacs d'ambulances.	55		— 40 »	2,200	»
Sabots.	426	paires	— « 80	340	80
Sucre	220	kilos	— 1 80	414	»
Taies d'oreillers.	440		— « 70	308	»
Talonnettes	2,191		— « 15	328	65
Traversins	150		— 2 50	.375	»
Ustensiles usuels d'ambulance .	«		— « »	575	»
Vareuses et paletots	525		— 7 »	3,675	»
Vestons de chasse	180		— 8 »	1,440	»
Viandes conservées	69	boîtes	— 5 »	345	»
Vins d'Espagne, champagne, bordeaux et bourgogne . .	1,875	bouteilles	— 2 »	3,750	»
			F.	98,634	70

Report . . . . . F.   8,019 85

Montflours	Linges		
Montourtier.	d°	et argent.	347 »
Martigné	d°		
Montsûrs	d°		
Méral	d°		
Maisoncelles	d°	et argent.	473 70
Nuillé-sur-Vicoin	d°	d°	616 10
Nuillé-sur-Ouette.	d°	d°	282 »
Ollivet	d°		
Pierre-sur-Erve (Saint)	d°		
Pierre-des-Landes (Saint)	d°		
Parné	d°	et argent.	707 60
Poix (Saint)	d°		
Pierre-la-Cour (Saint).	d°		
Quelaines.	d°	et argent.	521 35
Roë (la).	d°		
Ruillé-le-Gravelais.	d°		
Saulges	d°		
Soulgé-le-Bruant	d°	et argent.	1,175 25
Suzanne (Sainte).	d°	d°	212 »
Selle-Craonnaise (la)	d°		
Simplé.	d°		
Thorigné	d°	et argent.	368 »
Torcé-en-Charnie	d°	d°	609 »
Tannière (la)	d°		
Ouën-des-Toits (Saint)	d°	et argent.	943 25
Vautorte	d°		
Vaiges	d°	et argent.	1,496 05
Villiers-Charlemagne.	d°		

Total. . . . . . F.   15,771 15

TEXTE

DE LA CONVENTION

Signée à Genève, le 22 août 1864

Convention pour l'amélioration du sort des militaires blessés
dans les armées en campagne.

ARTICLE PREMIER.

Les ambulances et les hôpitaux militaires seront reconnus
neutres, et, comme tels, protégés et respectés par les belligérants, aussi longtemps qu'il s'y trouvera des malades ou des
blessés.

La neutralité cesserait, si ces ambulances ou ces hôpitaux
étaient gardés par une force militaire.

ART. 2.

Le personnel des hôpitaux et des ambulances, comprenant
l'intendance, les services de santé, d'administration, de trans-
port de blessés, ainsi que les aumôniers, participera au bénéfice
de la neutralité, lorsqu'il fonctionnera et tant qu'il restera des
blessés à relever ou à secourir.

ART. 3.

Les personnes désignées dans l'article précédent pourront,
même après l'occupation par l'ennemi, continuer à remplir leurs
fonctions dans l'hôpital ou l'ambulance qu'elles desservent, ou
se retirer, pour rejoindre le corps auquel elles appartiennent.

Dans ces circonstances, lorsque ces personnes cesseront leurs fonctions elles seront remises aux avant-postes ennemis par les soins de l'armée occupante.

ART. 4.

Le matériel des hôpitaux militaires demeurant soumis aux lois de la guerre, les personnes attachées à ces hôpitaux ne pourront, en se retirant, emporter que les objets qui sont leur propriété particulière.

Dans les mêmes circonstances, au contraire, l'ambulance conservera son matériel.

ART. 5.

Les habitants du pays, qui porteront secours aux blessés, seront respectés et demeureront libres.

Les généraux des puissances belligérantes auront pour mission de prévenir les habitants de l'appel fait à leur humanité, et de la neutralité qui en sera la conséquence.

Tout blessé recueilli et soigné dans une maison y servira de sauvegarde. L'habitant qui aura recueilli chez lui des blessés, sera dispensé du logement des troupes, ainsi que d'une partie des contributions de guerre qui seraient imposées.

ART. 6.

Les militaires blessés ou malades seront recueillis et soignés, à quelque nation qu'ils appartiennent.

Les commandants en chef auront la faculté de remettre immédiatement aux avant-postes ennemis les militaires ennemis blessés pendant le combat, lorsque les circonstances le permettront, et du consentement des deux parties.

Seront renvoyés dans leurs pays ceux qui, après guérison, seront reconnus incapables de servir.

Les autres pourront être également renvoyés, à la condition de ne pas reprendre les armes pendant la durée de la guerre.

Les évacuations, avec le personnel qui les dirige, seront couvertes par une neutralité absolue.

ART. 7.

Un drapeau distinctif et uniforme sera adopté pour les hôpitaux, les ambulances et les évacuations. Il devra être, en toute circonstance, accompagné du drapeau national.

Un brassard sera également admis pour le personnel neutralisé ; mais la délivrance en sera laissée à l'autorité militaire.

Le drapeau et le brassard porteront : croix rouge sur fond blanc.

ART. 8.

Les détails d'exécution de la présente Convention seront réglés par les commandants en chef des armées belligérantes, d'après les instructions de leurs gouvernements respectifs, et conformément aux principes généraux énoncés dans cette Convention.

ART. 9.

Les hautes puissances contractantes sont convenues de communiquer la présente Convention aux gouvernements qui n'ont pu envoyer des plénipotentiaires à la Conférence internationale de Genève, en les invitant à y accéder : le protocole est à cet effet laissé ouvert.

ART. 10.

La présente convention sera ratifiée, et les ratifications en seront échangées à Berne, dans l'espace de quatre mois, ou plus tôt, si faire se peut.

En foi de quoi, les plénipotentiaires respectifs l'ont signée et y ont apposé le cachet de leurs armes.

Fait à Genève, le vingt-deuxième jour du mois d'août de l'an mil huit cent soixante-quatre.

ARTICLES ADDITIONNELS

A LA

CONVENTION DE GENÈVE

Proposés à Genève, le 20 octobre 1868.

ARTICLE PREMIER.

Le personnel désigné dans l'article 2 de la Convention conti-
nuera, après l'occupation par l'ennemi, à donner dans la mesure
des besoins, ses soins aux malades et aux blessés de l'ambulance
ou de l'hôpital qu'il dessert.

Lorsqu'il demandera à se retirer, le commandant des troupes
occupantes fixera le moment de ce départ, qu'il ne pourra toutefois différer que pour une courte durée, en cas de nécessités
militaires.

ART. 2.

Des dispositions devront être prises par les puissances belligérantes, pour assurer au personnel neutralisé, tombé entre les
mains de l'armé ennemie, la jouissance intégrale de son traitement.

ART. 3.

Dans les conditions prévues par les articles 1 et 4 de la Convention, la dénomination d'*ambulance* s'applique aux hôpitaux
de campagne et autres établissements temporaires, qui suivent
les troupes sur les champs de bataille, pour y recevoir des malades et des blessés.

ART. 4.

Conformément à l'esprit de l'article 5 de la Convention et aux
réserves mentionnées au Protocole de 1864, il est expliqué que,

pour la répartition des charges relatives au logement des troupes et aux contributions de guerre, il ne sera tenu compte que dans la mesure de l'équité, du zèle charitable déployé par les habitants.

ART. 5.

Par extension de l'article 6 de la Convention, il est stipulé que, sous la réserve des officiers, dont la possession importerait au sort des armes, et dans les limites fixées par le deuxième paragraphe de cet article, les blessés, tombés entre les mains de l'ennemi, lors même qu'ils ne seraient pas reconnus incapables de servir, devront être renvoyés dans leur pays après leur guérison, ou plus tôt, si faire se peut, à la condition toutefois de ne pas reprendre les armes pendant la durée de la guerre.

ARTICLES ADDITIONNELS A LA CONVENTION

CONCERNANT LA MARINE

Art. 6.

Les embarcations qui, à leurs risques et périls, pendant et après le combat, recueillent ou qui, ayant recueilli des naufragés ou des blessés, les portent à bord d'un navire soit neutre, soit hospitalier, jouiront, jusqu'à l'accomplissement de leur mission, de la part de neutralité que les circonstances du combat et la situation des navires en conflit permettront de leur appliquer.

Art. 7.

L'appréciation de ces circonstances est confiée à l'humanité de tous les combattants.

Les naufragés et les blessés ainsi recueillis et sauvés ne pourront servir pendant la durée de la guerre.

Le personnel religieux, médical et hospitalier de tout bâtiment capturé est déclaré neutre. Il emporte, en quittant le navire, les objets et les instruments de chirurgie qui sont sa propriété particulière.

Art. 8.

Le personnel désigné dans l'article précédent doit continuer à remplir ses fonctions sur le bâtiment capturé, concourir aux évacuations des blessés faites par le vaiqueur, puis il doit être libre de rejoindre son pays, conformément au second paragraphe du premier article additionnel ci-dessus.

Les stipulations du deuxième article additionnel ci-dessus sont applicables au traitement de ce personnel.

Art. 9.

Les bâtiments-hôpitaux militaires restent soumis aux lois de la guerre, en ce qui concerne leur matériel : ils deviennent la propriété du capteur ; mais celui-ci ne pourra les détourner de leur affectation spéciale pendant la durée de la guerre.

ART. 10.

Tout bâtiment de commerce, à quelque nation qu'il appartienne, chargé exclusivement de blessés et de malades dont il opère l'évacuation, est couvert par la neutralité ; mais le fait seul de la visite, notifiée sur le journal de bord, par un croiseur ennemi, rend les blessés et les malades incapables de servir pendant la durée de la guerre. Le croiseur aura même le droit de mettre à bord un commissaire, pour accompagner le convoi et vérifier ainsi la bonne foi de l'opération.

Si le bâtiment de commerce contenait en outre un chargement, la neutralité le couvrirait encore, pourvu que ce chargement ne fût pas de nature à être confisqué par le belligérant.

Les belligérants conservent le droit d'interdire aux bâtiments neutralisés toute communication et toute direction qu'ils jugeraient nuisibles au secret de leurs opérations.

Dans les cas urgents, des conventions particulières pourront être faites entre les commandants en chef, pour neutraliser momentanément, d'une manière spéciale, les navires destinés à l'évacuation des blessés et des malades.

ART. 11.

Les marins et les militaires embarqués, blessés ou malades, à quelque nation qu'ils appartiennent, seront protégés et soignés par les capteurs.

Leur rapatriement est soumis aux prescriptions de l'article 6 de la Convention et de l'article 5 additionnel.

ART. 12.

Le drapeau distinctif à joindre au pavillon national, pour indiquer un navire ou une embarcation quelconque qui réclame le bénéfice de la neutralité, en vertu des principes de cette Convention est le pavillon blanc à croix rouge.

Les belligérants exercent à cet égard toute vérification qu'ils jugent nécessaire.

Les bâtiments-hôpitaux militaires seront distingués par une peinture extérieure blanche avec batterie verte.

ART. 13.

Les navires hospitaliers, équipés aux frais des sociétés de secours reconnues par les Gouvernements signataires de cette Convention, pourvus de commission émanée du souverain qui aura donné l'autorisation expresse de leur armement et d'un document de l'autorité maritime compétente, stipulant qu'ils ont été soumis à son controle pendant leur armement et à leur départ final, et qu'ils étaient alors uniquement appropriés au but de leur mission, seront considérés comme neutres ainsi que tout leur personnel.

Ils seront respectés et protégés par les belligérants.

Ils se feront reconnaître en hissant, avec leur pavillon national, le pavillon blanc à croix rouge. La marque distinctive de leur personnel dans l'exercice de ses fonctions sera un brassard aux mêmes couleurs ; leur peinture extérieure sera blanche avec batterie rouge.

Ces navires porteront secours et assistance aux blessés et aux naufragés des belligérants, sans distinction de nationalité.

Ils ne devront gêner en aucune manière les mouvements des combattants.

Pendant et après le combat, ils agiront à leurs risques et périls.

Les belligérants auront sur eux le droit de controle et de visite ; ils pourront refuser leur concours, leur enjoindre de s'éloigner.

Les blessés et les naufragés recueillis par ces navires ne pourront être réclamés par aucun des combattants, et il leur sera imposé de ne pas servir pendant la durée de la guerre.

Art. 14.

Dans les guerres maritimes, toute forte présomption que l'un des belligérants profite du bénéfice de la neutralité dans un autre intérêt que celui des blessés et des malades, permet à l'autre belligérant, jusqu'à preuve du contraire, de suspendre la Convention à son égard.

Si cette présomption devient une certitude, la Convention peut même lui être dénoncée pour toute la durée de la guerre.

Art. 15.

présent Acte sera dressé en un seul exemplaire original, qui sera déposé aux archives de la Confédération suisse.

Une copie authentique de cet Acte sera délivrée, avec invitation d'y adhérer, à chacune des Puissances signataires de la Convention du 22 août 1864, ainsi qu'à celles qui y ont successivement accédé.

En foi de quoi, les Commissaires soussignés ont dressé le présent projet d'articles additionnels et y ont apposé le cachet de leurs armes.

Fait à Genève, le vingtième jour du mois d'octobre de l'an mil huit cent soixante-huit.

STATUTS ET RÈGLEMENT

DE LA

SOCIÉTÉ FRANÇAISE

DE SECOURS

AUX BLESSÉS DES ARMÉES DE TERRE ET DE MER

Reconnue d'utilité publique le 23 juin 1866.

CONSEIL D'ADMINISTRATION

Président.

M. le comte DE FLAVIGNY, ancien pair de France, ancien député.

Vice-présidents.

MM. BARTHOLONY.
le général baron DE CHABAUD-LA-TOUR.
DROUYN DE L'HUYS.
le vice-amiral FOURICHON.
le vice-amiral JURIEN DE LA GRAVIÈRE.
le baron LARREY.
le général comte DE LA RUE.
le général MELLINET.
le vicomte DE MELUN.
le docteur REYNAUD.
l'intendant général ROBERT.
le comte SÉRURIER, délégué (ministères de la guerre et de la marine).
le général TROCHU.

Secrétaire général.

M. le comte DE BEAUFORT.

Trésorier général.

M. le baron Alphonse DE ROTHSCHILD, vice-président honoraire.

STATUTS ET RÈGLEMENT

DE LA

SOCIÉTÉ FRANÇAISE DE SECOURS AUX BLESSÉS

DES ARMÉES DE TERRE ET DE MER

Reconnue d'utilité publique, le 23 juin 1866.

STATUTS

ARTICLE PREMIER.

La Société a pour objet de concourir, par tous les moyens en son pouvoir, au soulagement des blessés et des malades sur les champs de bataille, dans les ambulances et dans les hôpitaux.

ART. 2.

Elle se compose de membres fondateurs, qui souscrivent pour une somme annuelle de 30 francs, et de membres souscripteurs, dont la cotisation annuelle ne peut être inférieure à 6 francs. Les dames peuvent, à ce double titre, en faire partie.

ART. 3.

La Société adhère aux principes généraux énoncés dans la Conférence internationale de 1863, et dans la Convention signée à Genève le 22 août 1864.

ART. 4.

La haute direction des travaux de la Société est confiée à un Conseil siégeant à Paris, sous la présidence honoraire de LL.

EExc. les Ministres de la guerre et de la marine. Ce Conseil est composé de cinquante membres élus par l'Assemblée générale des fondateurs, pour cinq ans, et toujours rééligibles.

Il est renouvelé chaque année par cinquième.

Il nomme un Président, des Vice-présidents, un Secrétaire général et un Trésorier.

ART. 5.

Le Conseil nomme pour trois ans un Comité d'administration de vingt-cinq membres. Ces membres peuvent toujours être réélus.

ART. 6.

Le Comité organise tous les moyens d'action en personnel et en matériel. Il dirige l'instruction de ses agents, et pourvoit à tous leurs besoins, sur les divers points où il sont appelés ; il reçoit les dons et secours, et il en fait emploi selon les nécessités du service. Il correspond avec les Ministres, pour obtenir l'adoption des mesures qui intéressent la marche de l'Œuvre.

ART. 7.

Le Comité se réunit une fois par mois, ou plus souvent, si les travaux de la Société l'exigent.

En cas d'absence du Président ou des Vice-présidents, le membre le plus âgé préside la séance.

La présence de six membres suffit pour délibérer.

ART. 8.

Toutes les fonctions du Conseil et du Comité d'administration sont gratuites.

ART. 9.

Les ressources de la Société se composent du revenu de ses biens de toute nature, du produit des cotisations annuelles des fondateurs et des souscripteurs, des dons et legs qu'elle est autorisée à accepter, des offrandes de diverse nature qui lui sont adressées, et enfin des subventions qui pourraient lui être accordées.

ART. 10.

Le trésorier de la Société est chargé de la comptabilité et de la caisse.

ART. 11.

Les fonds disponibles sont déposés, au choix du Conseil, dans un des établissements financiers dont le Gouverneur, ou dont le Directeur ou le Président du Conseil d'administration est nommé par l'Etat.

Les exédants de recettes, qui ne seront pas nécessaires aux besoins et au développement de la Société, seront placés en rentes sur l'Etat ou en obligations de chemins de fer français.

ART. 12.

Un règlement, arrêté par le Conseil, détermine les conditions de l'administration intérieure, et toutes dispositions de détail propres à assurer l'exécution des Statuts.

ART. 13.

Le compte rendu moral et financier de l'Œuvre est présenté chaque année en Assemblée générale aux fondateurs, convoqués spécialement à cet effet.

Ce compte rendu est adressé aux Ministres de la Guerre, de la Marine et de l'Intérieur.

ART. 14.

Aucune modification ne pourra être apportée aux présents Statuts, sans l'autorisation du Gouvernement.

———

RÈGLEMENT

Article premier.

La Société de secours aux blessés militaires est destinée à devenir, en temps de guerre, l'auxiliaire du service sanitaire dans les armées de terre et de mer.

Elle forme en quelque sorte la réserve de ce service.

Art. 2.

La Société recueille pendant la paix, au moyen de souscriptions, les ressources nécessaires pour se trouver en mesure d'agir dès le début des hostilités.

Elle accepte, en outre, les dons qui lui sont adressés, les legs qui lui sont faits, et en général toute espèce d'offrandes.

Art. 3.

Le Comité central de la Société a son siége à Paris.

Il provoque en France et dans toutes les possessions françaises, la formation des Comités sectionnaires en nombre limité.

Il s'efforce également de former des Comités de dames. Les Comités nomment leur Président. Ces nominations sont soumises au Comité central, qui les confirme par l'envoi d'un diplôme.

Douze places sont réservées dans le Conseil d'administration pour les représentats des Comités sectionnaires, et six pour les dames désignées par les Comités dont elles font partie.

Au commencement de chaque année, les Comités sectionnaires et les Comités des dames envoient au Comité central un compte rendu de leurs travaux et un exposé de leur situation financière.

Chacun de ces Comités est tenu d'adresser à la même époque, au Comité central, le cinquième (1/5) des souscriptions qu'il a pu recueillir pendant l'année.

Cette cotisation est placée en rentes sur l'Etat ou en obligations de chemins de fer français et forme le fonds de réserve de la Société. Les revenus en sont ajoutés au capital d'année en année.

ART. 4.

En temps de guerre, le Comité central dispose seul de tous les fonds de la Société. Il doit toutefois mentionner avec soin la provenance des dons en argent et en nature qu'il distribue.

ART. 5.

Pendant la paix, chaque Comité a la libre disposition des fonds qu'il a recueillis, sous la réserve du versement mentionné à l'article 3.

Le but de la Société étant de seconder, aussi bien pendant la paix que pendant la guerre, l'action administrative, ces fonds sont exclusivement appliqués à des achats de matériel ;

A la préparation d'un personnel hospitalier ;

Au soulagement des souffrances et des infortunes, suite des guerres, ou d'épidémies en campagne.

ART. 6.

A la fin de chaque année, le Président convoque une Assemblée générale de tous les membres souscripteurs.

Il est donné à l'avance la plus grande publicité possible à cette réunion.

Indépendamment de cette réunion annuelle, le Président convoquera des Assemblées extraordinaires, toutes les fois qu'il le jugera nécessaire.

Le Comité soumet à l'examen et à la sanction de l'Assemblée générale le compte rendu général et financier de l'année précédente.

L'Assemblé générale prend ses décisions à la majorité des voix présentes. Dans le cas de partage égal des suffrages, la voix du Président emportera le vote.

Les rapports qui ont été lus, et les décisions qui seront prises en Assemblée générale, devront être publiés dans le *Bulletin* de la Société.

ART. 7.

La Société adopte pour son sceau un écusson blanc avec croix rouge, dite octogone, entourée d'un ruban sur lequel est écrit le titre de la Société.

En temps de guerre, tout le matériel distribué par les Sociétés de secours porte la marque de la Société.

Les personnes envoyées par la Société à la suite des armées ou des flottes, portent comme signe distinctif, au bras gauche, un brassard blanc avec croix rouge, dite octogone.

Toutes les ambulances, dépôts, hôpitaux, navires, embarcations et établisssements quelconques, appartenant à la Société, seront surmontés d'un drapeau analogue.

Des mesures seront prises par le Comité central, d'accord avec le Ministre de la guerre, le Ministre de la marine, les généraux commandant les armées et les amiraux commandant les escadres, pour qu'il ne puisse être fait abus de ce chiffre distinctif.

Le pavillon de la Société est accordé aux bâtiments et aux embarcations de plaisance qui en font la demande.

ART. 8.

Lorsque l'armée ou la flotte est mise sur le pied de guerre, le Comité central, après s'être concerté avec le Ministre de la guerre ou le Ministre de la marine, convoque le Conseil.

Un appel est immédiatement adressé, par tous les moyens possibles de publicité, à la nation tout entière, pour provoquer des dons de toute nature, destinés à soulager les malades et les blessés des armées et des flottes en campagne.

Un service d'infirmiers volontaires est immédiatement organisé.

Il est également fait un appel aux ecclésiastiques de tous les cultes, pour qu'ils viennent apporter aux blessés et aux malades les secours et les consolations de la religion.

ART. 9.

Les corps d'armée ou les escadres étant formés, le Comité central délègue, auprès du commandant en chef et de chaque commandant de corps d'armée ou d'escadre, un de ses membres dont le choix est sanctionné par le Conseil.

Ces délégués correspondent directement avec le Comité central.

Ils ont pour mission de préparer l'établissement des ambulances et de tout ce qui sera nécessaire aux besoins des malades et des blessés. Ils veillent à l'emploi des ressources, qui leur sont fournies par la Société.

Le personnel des infirmiers volontaires est placé sous les ordres de ces délégués.

Ils doivent chercher par tous les moyens possibles à améliorer l'état des malades et des blessés, et se concerter avec les chefs de l'intendance et les chefs de service de santé pour faciliter ce service.

ART. 10.

Dès le commencement des hostilités, le Comité central s'efforce d'établir à proximité du théâtre de la guerre tous les moyens d'action en personnel et en matériel.

ART. 11.

La guerre terminée, les délégués adresseront au Comité central un compte rendu détaillé de leurs actes, des dépenses qui ont été effectuées et des résultats obtenus pendant leur administration.

Dans l'espace de six mois après la conclusion de la paix, le Président convoquera une Assemblée générale, à laquelle sera présenté un rapport détaillé sur les opérations de la Société pendant la guerre.

www.ingramcontent.com/pod-product-compliance
Lightning Source LLC
Chambersburg PA
CBHW051229030726
47595CB00003B/815